L'ÉVEIL

RECUEIL DE POÈMES

L'ÉVEIL

JESSICA BRIONNAUD

Je n'ai pas forcément envie de vous plaire,
Je n'ai pas envie de vous dire tout ce que vous voulez entendre,
Je n'ai plus envie de me taire,
Ni envie de me vendre,
Sans manières ni arrières pensées,
Je vous déclare ces mots seulement pour ma liberté.

ACCIDENTEL

Lancé à toute allure dans cette course poursuite,
Au beau milieu de la nuit,
La jambe tendue sur l'accélérateur,
Les yeux fixés sur l'horizon,
Rien ne peut l'arrêter.

La vitesse raye le paysage,
Tout devient abstrait,
Nos corps se figent,
Se raidissent par la célérité,
Nous nous agrippons avec sévérité.

La frayeur nous envahit,
Nous comprenons qu'il n'est pas à la hauteur,
Nous aurions dû chacun rester à la maison.

Le véhicule se met à basculer,
Dans nos ventres un immense brassage,
Et nos corps bousculés,
Nous voici gâchés par ce carnage,
Avec une rapidité exagérée, il a tué.

Un meilleur ami qui lui demandait de stopper,
Et son frère maintenant handicapé.
Aujourd'hui le conducteur en a fini.

Les années écoulées à faire les cauchemars de son erreur,
Étaient de trop pour sa raison.

Il n'a jamais pu s'excuser,
S'en voulait pour ce bousillage,
Qu'il ne pouvait pas rattraper.
Il s'est donné la mort qu'il pensait mériter,
Pour enfin pouvoir être pardonné.

J'étais là aussi,
J'ai flirté avec ma plus grande peur,
Me retrouvant spectatrice sur le gazon,
Bouleversée de voir ces corps mutilés.
Grâce à toi je suis devenue beaucoup plus sage,
Car je sais que jamais,
Je n'infligerai autant de mal que tu l'as fait.

GIGI

C'est dans ma jeunesse lointaine,
Que se trouvent mes meilleurs souvenirs,
Elle me parlait, m'écoutait, m'expliquait ce que je ne savais
[point,]
Il n'y avait jamais de tristesse, seulement des sourires,
Elle était toujours là pour me cajoler et me prendre dans ses
[bras.]

Quelle aubaine,
Toutes mes peines elle pouvait les guérir,
Elle savait à mon regard tous mes petits besoins,
Chez elle je me sentais chez moi,
C'était si bien autrefois.

Même si tu es loin,
Je pense beaucoup à toi,
Ma famille en est témoin,
Je t'aime, tu sais pourquoi.

Pour ces magnifiques bords de mer,
Pour mon éveil,
Tu m'aimes comme une mère,
Je le sens bien,
Tu resteras dans ma vie la plus jolie des merveilles,
En préservant nos liens d'amour et pour toujours.

UN ENFANT EN COLÈRE

Dans ses haillons de galérienne,
Cette femme se croyait condamnée à l'aider,
Son énergie vitale en était impactée,
Elle ne savait plus comment temporiser,
De ses violences bonnes à rien,
Dès qu'elle a donné la vie à leur bébé,
Elle a su qu'il fallait le protéger,
Pour la paix.

Il aurait tellement pu s'en sortir,
Mais ses veines se condensaient,
Comme la distillation d'un alambic,
Son projet était de fuir,
Pour éviter de se soigner,
Son choix était fait,
La vie de famille, il en était allergique.

Dans ses haillons de galérien,
Cet homme se croyait condamné à ramer,
L'alcool lui a rongé son peu de lucidité,
Avec son caractère bien trempé,
Il a préféré quitter les siens,
Après toutes ces années,
Il a su seulement s'abandonner,
À l'excès.

Elle ne voulait plus subir,
Et cet enfant était devenu sa priorité,

Elle voulait lui offrir un monde angélique,
Non cette vie à mourir,
De toute façon, il l'avait déjà abandonné,
C'était un fait,
Lui préférait son état alcoolique.

C'est une mauvaise histoire pour un père,
Qui laisse un enfant derrière lui, en colère.

MÉMÈNE

Je t'imagine encore, accoudée sur ton canapé,
Tes yeux rivés sur l'écran devant les divertissements,
Je t'observais.

Je trouvais le temps tellement long quand tu me gardais,
Alors je rentrais dans le questionnement,
Puis je t'admirais.

J'étais si jeune, je ne pensais qu'à m'amuser,
Mais dans cette atmosphère je m'ennuyais,
Tu étais déjà bien âgée,
Et pour notre plaisir tu m'apprenais à faire les petits
[goûters.]

Mémène, je suis désolée,
J'aurais dû venir te voir plus souvent et apprécier,
Maintenant tu m'as quittée,
Et je comprends l'importance que tu avais.

Mémène tu t'es envolée,
Et je me sens seule à te pleurer,
Car je n'ai pas su être à l'aise et échanger,
Tous mes petits secrets.

Mémène je ne t'oublie pas et j'espère que tu me vois,
Car ici-bas je prie pour toi.

PETITE FÉE

Petite fée a brûlé ses ailes,
À trop vouloir aider,
Elle s'est épuisée.

Petite fée était trop bonne,
Elle pleurait en silence,
C'était sa sentence.

Petite fée a trop de compassion,
Au point de s'oublier,
Son cœur était noué !

Petite fée était pourtant si belle,
Que les hommes en profitaient,
Elle souhaitait juste être aimée.

Petite fée voulait en faire des tonnes,
Apporter au monde l'abondance,
Et en retour elle n'a reçu que l'absence.

Petite fée fais bien attention,
Tu n'es pas armée,
Contre toutes les méchancetés.

Petite fée tu es un modèle,
Reprends ta liberté,
Pour enfin t'envoler.

SÉQUESTRÉE

La porte d'entrée est verrouillée de l'extérieur,
Dans cet immeuble au troisième étage sa solitude lui pèse,
Pas moyen d'en sortir.

Elle est coincée à l'intérieur,
Elle s'en doutait, il n'y aurait aucun moyen de lui échapper,
Devenir la proie de ce vampire, c'était pour elle le pire.

Ce cinglé venait la terroriser de peur,
Ses nuits appartenaient à ce détraqué et pas moyen de lui
[échapper,]
Dans sa tête cette pauvre victime essayait de fuir.

L'angoisse est de plus en plus forte,
La douleur est son ressenti,
Une lame de chair transperce son corps,
Lui donne l'impression que la grande faucheuse l'escorte
[vers sa mort.]

Si seulement elle pouvait trouver une échappatoire,
[une porte,]
Sa seule hâte c'est que tout soit fini,
Martyre de cette égrégore,
Elle souhaite prendre son essor.

Personne ne pouvait lui venir en aide,
Elle était seule, cherchant un remède,
Pour s'évader mais dans l'attente elle cède,
Malgré la frayeur qui l'obsède.

Comment peut-elle oublier ces quinze jours maudits,
Qui la hantent encore toutes ses nuits,
La profanation a marqué son corps et son adolescence,
Heureusement elle s'en est sortie, seule, avec un peu de
[chance.]

Personne ne s'inquiétait de son absence,
Elle était seule à trouver le dénouement,
Le merci sera abstinence,
Personne ne l'a aidée dans cette souffrance,
Et elle seule a su mettre les pansements.

BLEU

Absorbés par ce paysage,
Nous observons l'horizon,
En laissant sur notre passage,
Les parfums de l'amour-passion.

Le ciel est bleu turquoise avec un soupçon de nuages,
Un léger souffle brûlant caresse nos haillons,
Le bien-être s'installe en partage,
Avec mon amour de plusieurs saisons.

Allons marcher ensemble sur ce sable chaud,
Et s'imprégner de l'air marin,
Allons nager dans cette eau,
Pour purifier notre amour salin.

Ses yeux sont bleus comme la mer,
Qui ondule doucement contre nous,
Je m'y noie à travers,
C'est son plus bel atout.

Nous sommes biens au grand air,
Amoureux comme des fous.

LA MALADIE J'AI PAS CHOISI

La maladie chronique est bien présente,
Transparente et douloureuse,
Celui qui ne la vit pas ne peut savoir.

Vous les mauvaises langues, qui pensez que je suis fainéante,
Soyez bien heureux,
Mais moi je crains l'abattoir.

Quant à vous, les acrimonieux,
Balayez devant vos portes,
En attendant vos souffrances de vieillesse,
Avoir des douleurs de toutes sortes,
Me fait oublier les douces caresses.

Je suis pourtant si jeune et forte,
Et ne souhaite que délicatesse,
Quand l'emploi me sollicite pour que je sorte,
Je me sens encore plus en détresse.

Quand vous passez des nuits tranquilles,
Je souffre et ne dors pas,
Quand vous allez au travail en forme,
Je tombe de fatigue où m'y rends en béquilles.

L'inaction est douloureuse et m'ankylose,
Elle ne s'arrête pas et me rend morose,
L'action me déforme, c'est bien morne,
Je suis pourtant si jeune mais hors norme.

Et je vous assure, ce n'est pas de la paresse,
Quand l'emploi me sollicite pour que je sorte,
Je suis en détresse.

Maudite maladie qui ne cesse de m'offrir ses faiblesses,
Je n'ai pas choisi d'être ainsi,
Parfois mes amis, je vous le dis,
J'aimerais être sous anesthésie.

ELLE EST SON MONDE INTÉRIEUR

Elle fait trop de choses dont elle tire un grand profit,
Au détriment de tous, elle continue malgré tout,
Elle manipule sans vergogne, juste pour satisfaire sa vie,
Elle ne regarde jamais au-delà, les autres elle s'en fout,
Si elle est contrariée, elle grogne,
Et pointe son index vers sa proie pour s'accorder son envie.

Elle est bornée,
Il n'y a pas moyen de discuter,
Elle ne changera jamais.
Derrière les sourires se cache sa fausseté,
Pour faire croire aux gens qu'ils sont appréciés,
Puis elle les amadoue pour les piller.

Elle a un gros problème lié à son enfance,
Cette petite fille unique était délaissée,
Elle a mis tout son amour dans la vengeance,
Parfois sadique aux mœurs dépravées.

Jusqu'à maintenant personne n'a osé l'affronter,
Mais tout le monde l'a fuie pour s'en libérer.
La roue tourne, un jour elle sera obligée de se soigner,
Pour que sa famille retrouve la paix.

NOTRE AMOUR DÉCALÉ

Je serai la branche sur laquelle tu pourras monter,
Si tu es la corde sur laquelle je peux me pendre,
Je te promets qu'on ne touchera pas le sol,
Si tu es en accord à mes côtés,
Notre amour ne sera jamais à vendre,
Sauf si nous n'avons pas de bol,
Et tu le sais.

Je serai l'air sur lequel tu pourras compter,
Si tu es la bouche que je peux baiser,
Je te promets qu'on pourra s'embrasser,
Si tu es toujours à mes côtés,
Notre amour pourra saliver,
Sauf si nous avons tout avalé,
Et tu le sais.

Je serai la chair dans laquelle tu pourras plonger,
Si tu es le sexe que je peux caresser,
Je te promets que nous pourrons s'extasier,
Si tu es toujours à mes côtés,
Notre amour pourra nous pénétrer,
Sauf si nous avons déjà éjaculé,
Et tu le sais.

JE SUIS L'ARBRE

Je reste ancrée à l'instant présent,
Comme l'arbre à la terre,
Mon sang est ma sève en dedans,
Mon esprit a son caractère,
Tout comme l'arbre,
Je me tiens droite,
Pour m'élever vers le Soleil.

S'il le faut j'y resterai un moment,
En respirant tout cet air,
Pour nourrir ma vie en dedans,
Et que mes idées soient claires,
Même quand le jour est sombre,
Je reste à ma place étroite,
Pour avoir un futur meilleur.

Je ressens la lumière me caresser la peau,
Comme l'arbre la ressent sur l'écorce,
Les rayons solaires me nourrissent,
L'arbre et moi sous le même tempo,
À chaque seconde nous gagnons en force,
En force créatrice.

MON BEL ENFANT

Je découvre ce petit enfant tout apeuré,
Et je me demande comment le rassurer,
Je l'ai certainement trop oublié,
Le temps que mes émotions me désemparaient.

Pardonne-moi d'avoir oublié de t'aimer,
Je manquais seulement de maturité,
Pour prendre soin de toi et t'accompagner,
Je te promets de me rattraper.

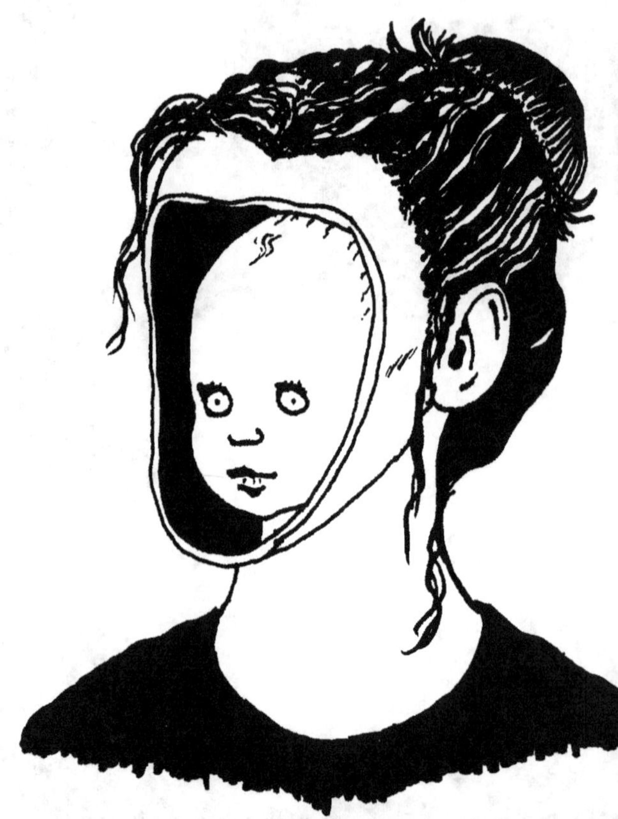

Je comprends désormais que tu es là,
Tu as toujours été prêt de moi,
Même quand je ne te voyais pas,
Apaise ta colère, maintenant je suis là.

Avec une main sur mon cœur,
Je calmerai toutes tes peurs,
Je serai toujours alerte pour te protéger des malheurs,
Tu n'as plus besoin de me transmettre tes frayeurs,
Rassure-toi, je suis là, avec toi, pour ton bonheur.

Mon bel enfant intérieur,
Je t'offre mon amour cajoleur,
Pour sécher tes pleurs,
Ensemble devenons créateurs.

ÉTERNITÉ

Elle a connu les pleurs,
Elle a connu la peur,
Elle a connu la mort,
Elle a connu le sort,
Jusqu'à ce qu'elle détienne la clé,
Et cela pour l'éternité.

Son âme était forte,
Rien ni personne ne pouvait l'effondrer,
Dans cette vie si compliquée,
Elle a su trouver la porte,
Celle qui lui permettait de s'y réfugier.
Seule, elle détenait la clé,
Et cela pour l'éternité.

Elle vie avec les pleurs,
Elle vie avec la peur,
Elle ressent la mort
Elle ressent le sort,
Et là encore, pour l'éternité.

Son âme était morte,
Rien ni personne ne pourra la changer,
Dans cette vie si compliquée,
Elle s'est trompée de porte,
Celle qui malgré elle l'a violentée,
Seule, et pour l'éternité.

MAMAN

J'ai tellement prié,
Tellement hurlé mon chagrin pour que tu m'entendes et
[que tu me guides,]
Dans ce lieu destiné à la souffrance,
Je me sentais abandonnée.

J'avais beau chercher en moi les solutions,
Essayer de fuir la destruction mentale de cette prison,
J'étais loin et seule à combattre les démons qui me
[vampirisaient à chaque instant.]
J'étais fatiguée.

Je t'ai priée tout ce que j'ai pu,
Du plus profond de mon cœur, de mon âme,
Quand ton esprit est venu à moi pour m'assister,
Tu as du ressentir mon immense peine,
Je n'en pouvais plus,
Rien n'était calme,
J'en suis désolée,
J'aurais dû t'écouter.

J'ai perçu ton parfum,
Compris tes signes,
Tu m'as permis de conjurer le sort,
C'était la fin,
Je ne faisais pas la maligne,

J'aurais pu en arriver jusqu'à la mort,
Arrivant détruite à ce point,
Je n'éprouvais aucune haine,
Pour enfin m'éloigner de leurs chaînes.

Tu es mon ange, mon guide, celle qui est toujours là
[pour moi,]
À travers mon amour, tu es devenue ma protection,
Contre les tourments et les épreuves,
Je me sens désormais protégée,
Malgré nos désaccords passés,
Tu resteras à jamais dans mes veines,
Tu es celle qui m'a offert la vie,
Celle qui me protégera jusqu'à mon dernier souffle,
[je le sais.]

Je souhaite que tu saches à travers ces quelques lignes,
Que je sens ta présence à chaque instant,
Grâce à toi j'ai appris à combattre et me protéger,
Je suis devenue beaucoup plus forte, plus sage.

J'ai enrayé chacune de mes peurs,
Soigné tous les maux,
Je te promets d'être heureuse afin que tu puisses reposer en
[paix,]
Je t'envoie tout mon amour, à volonté.

RÉAPPRENDRE À VIVRE

Se sortir d'un entourage empli de mensonges,
Cherchant à m'éloigner de mes racines,
En me cloisonnant de leurs plus profonds songes,
Des manipulations, des menaces, des perversions.

L'anorexie m'absorbe comme une éponge, me brûle et me
[ronge,]
La solution était d'être nettoyée de cette résine,
Fuyant le plus loin possible avec mes anges,
D'amour, d'attention et de soutien pour regagner mes
[nouvelles ambitions.]

J'aurais pu y laisser ma vie,
J'aurais pu y laisser mon âme,
Mes anges m'ont donné la force,
La force d'avoir envie,
De me battre pour ma paix et retrouver mon calme,
Je m'impose dorénavant de ne plus porter aucune chose
[atroce.]

Guérir et réapprendre à vivre,
Guérir et réapprendre à se comprendre.

Les pensées sont toujours aussi toxiques,
Mais tout cela me parait maintenant logique,
Se sortir de l'emprise de pervers narcissiques,
Voulant leurs intérêts personnels et maléfiques,
J'opte pour une belle et solide carapace qui sera désormais
[éternelle,]

J'apprends, je vis, je comprends,
Pour eux la vie s'en chargera mais sans moi.

LE SOMMEIL

Paisible, cherchant le sommeil dans cette chambre sombre,
Laissant le corps dans une détente déjà vécue,
L'esprit s'échappe sans réaliser qu'une phase de sommeil
[s'amorce.]

La pesanteur de la journée est de plus en plus lourde,
Les énergies dépensées se rechargent petit à petit,
La relaxation est à son comble.

La respiration devient profonde et ininterrompue,
Toutes tensions se désamorcent,
Dans cette extase, se refuser de revoir le jour,
Tellement la béatitude est présente par cette nuit.

La transition est tellement fiable,
Que cela devient difficile d'être repu,
L'assoupissement renforce,
Puis adoucit sans détour,
Les maux physiques et psychiques de l'inconséquence
[infinie,]

Les chimères ne sont que libérations absolues.

À TOI L'ANGE

À toi l'ange en qui j'avais confiance,
Ces quelques rimes pour exprimer enfin,
Que maintenant je suis dans la pétillance,
Je ne suis plus naïve d'avaler ton baratin,
À toi l'ange de la décadence,
Je ne suivrai plus tes mauvais refrains.

Va donc escorter ailleurs,
Ces jolies âmes en ta faveur,
Sur moi ta puissance est réduite à néant,
Le jour où j'ai compris tes plans.

SYNCHRO

Se souvenir des signaux d'hier,
Ceux qui paraissent bizarres,
Pour constater maintenant,
Que tout n'était que synchronicités.

Ce n'était pas une évidence,
Alors que tout s'éclaire,
Je comprends qu'avant,
Ce n'était pas le moment.

Je me laisse emporter dans cette danse,
Tout en cherchant la lumière,
C'est enfin que je comprends,
Le pourquoi du comment.

Les signaux d'hier, les synchronicités,
Être un être qui voit et ressent,
Je m'abreuve de ma vie qui est tracée,
Seulement au moment présent.

AMIE

Elle attend toujours un homme qui la comble,
Mais ses rencontres ne sont que déceptions,
Elle n'a pas encore compris que l'union,
C'est la concrétisation d'un travail personnel abouti.

Elle est toute petite et toute blonde,
Des beaux yeux bleus similaires aux lagons,
Elle plaît énormément pour sa compassion,
Mais n'attire à elle que des abrutis.

Amie prends le temps de comprendre,
Que ton passé t'a marqué au fer rouge,
Qu'il te faut admettre et guérir tes blessures,
Pardonner aux autres et à toi-même.

Amie, prends le temps d'apprendre,
Qu'au fond de toi tu es douce,
Qu'il faut te protéger des hommes obscurs,
Sois patiente et pense amie, que je t'aime.

Amie, tu as l'éternité pour toi,
Éveille-toi.
Développe encore les signaux de protection,
L'homme qui comblera tes ennuis se présentera,
Il sera fait pour soigner ton désarroi,
Tu ressentiras tous ses émois,
Et tu sauras que c'est lui par intuition.

Amie tu n'es pas pressée,
Ta vie passe en premier,
Prends bien soin de ta santé,
Pour pouvoir enfin avancer.

UN INSTANT POUR TOI

Arrête-toi un moment pour contempler le ciel,
Lâche prise et profite du moment présent.

Inspire profondément l'air abondant,
Qui t'est offert gracieusement,
Expire tous tes soucis encombrants,
Qui t'empêchent d'avancer constamment.

Réjouis-toi de ce plaisir essentiel,
Qui t'apportera le bien-être que tu attends.

Ressens ce qui se passe en toi,
Laisse-toi porter par la douceur,
Aime-toi dans cet état,
Pour pouvoir enfin vivre ton bonheur.

RÊVE

Il n'y a plus aucun bruit,
Le corps se détend,
Et plonge dans un léger sommeil,
Comme un court-circuit,
Mais ce n'est plus important,
Ne plus être rationnel.

Endormi,
Voici un océan,
Un océan émotionnel qui veille,
Une vague d'inconditionnel,
Un soupçon d'alchimie,
C'est réconfortant,
Attendre l'éveil.

Et s'il le faut, jusqu'à l'infini,
Patiemment,
Les rêves doivent être émoustillants,
En rationnel et sensationnel,
À se sentir ébahi,
Que ce soit passionnant,
Le rêve est beau et éternel,
Cela donne des ailes.

LE BANC

Il attend là,
Encore,
Depuis longtemps,
Les joues postérieures,
Des amoureux perdus.

Pourtant le paysage hurle au romantisme,
Mais la peur empêche les assises insouciantes.

Il est là,
Depuis toujours,
Depuis des années,
Ce banc abandonné,
À attendre l'amour
Des âmes esseulées.

LE COMBAT

Personne n'a jamais dit que la vie est facile,
Il y a des difficultés à surmonter,
Il ne faut pas être si fragile,
Car c'est notre défi à relever.

Les épreuves sont parfois difficiles,
Mais il faut lutter,
Essayons de rester lucide,
Et battons-nous avec succès.

Ne baissez jamais les bras,
Devant les obstacles qui se trament,
Nous grandissons dans le combat,
Pour que nous élevions nos âmes.

MES FILLES

Immortel amour, je vous garderai en moi,
Avec toute l'admiration que j'ai pour vous,
Il m'en a fallu du temps pour comprendre,
Que même sans votre présence, je peux encore vous aimer

Je vous aime en silence,
Je me réjouis de votre bonheur,
Et j'aimerais que vous sachiez,
Que vous le méritez,
Je serai là quoiqu'il m'en coûte,
Pour l'éternité à vos côtés.

Nous avons tous quelqu'un dans notre cœur qui bat,
Des personnes qu'on aidera,
Qu'on aimera jusqu'à se fendre,
Et qu'on ne laissera jamais tomber.

Entre nous il n'y aura jamais de créances,
Car c'est avec un amour cajoleur,
Qu'il faudra qu'on chasse,
Ensemble, pour qu'on puisse hériter,
De l'allégresse sur notre route,
Même si nous ne sommes pas tout près.

Vous me manquez sans cesse,
Mes filles, je vous aime pour toujours,
Maman ne vous laissera jamais tomber,
Car vous êtes mes amours de déesses,
Pour toujours et à jamais.

MALADIE CHRONIQUE

Je suis Spondylos Ankulos,
Je t'accompagne volontiers toutes les nuits,
Je suis là pour te raidir et te donner des gonflements,
Te faire suer jusqu'aux os,
Juste pour mon plaisir infini,
De te faire souffrir atrocement.

Je ronge ton corps de façon précoce,
Dès que tu as fini,
Ta journée d'épuisement,
Je te serai atroce,
Si tu oses contrer ma biochimie,
Je créerai ton abaissement.

Je te brûlerai pendant ton sommeil,
Jusqu'aux orteils,
Tu auras du mal à bouger,
Même à marcher.

Si tu continues à forcer,
Je ferai en sorte que tu te sentes vieille,
De plus en plus par rapport à la veille,
Je te rendrai accro aux cachets,
Pour que tu perdes toute volonté.

Quand tu réaliseras que ton combat est perdu,
Tu perdras le peu de souplesse qu'il te reste,
Je sais bien que tu ne l'as pas voulu,
La douleur dans tes gestes,
S'estompera seulement quand tu seras tordue.

UNIQUE

Être imparfait ressemble beaucoup à l'un-parfait,
Être unique dans notre perception de la perfection,
Alors, quels que soient les jugements soyez vous-même,
Tout dépend de quel regard sera posé sur votre attitude,
L'important c'est vous !

L'un-portant son passé lourd,
Son présent pesant,
Son futur ou pas, c'est vous qui choisissez,
Tout est dans vos actions,
Qui seront en accord avec vos propres thèmes.

Prenez de l'altitude,
L'important correspond à votre moteur,
Vous êtes un-parfait et soyez un-portant,
C'est dans l'imparfait et l'importance de nous-même,
Que nous somme un,
Unique et libre.

AISANCE

Crions tous en chœur,
Nous sommes vainqueurs !
Laissons parler tous ces moqueurs,
Qui sont encore dans la rancœur,
De ne pas avoir réussi à nous faire peur.

Soyez fière,
D'être au lendemain d'hier,
Déposez vos œillères,
Afin d'entrevoir votre lumière.

Votre vie vous appartient,
Quel que soit votre chemin,
Soyez bien,
Pour que l'amour vous prenne par la main.

Ne baissez jamais les bras,
Les épreuves sont dures ici-bas,
Mais quoi qu'il en soit,
Soyez bien jusqu'au bout des doigts.

Posons-nous les bonnes questions,
Et prenons de sages décisions,
Nous aurons les solutions,
Pour accomplir notre absolution.

L'ÉVEIL

Se réveiller doucement,
Et ressentir l'âme prendre possession du corps,
Se sentir vivante,
Sortir de ce coma abrutissant,
A en oublier le temps,
Ce fut seulement une période de néant.

Sans rebondissements,
Être comme un parfum qui s'évapore,
Qui s'évente.
Ouvrir les yeux délicatement,
Et réaliser que maintenant,
Il est temps de vivre intensément.

L'ANGE ET LE DÉMON

Ami tu ne rentreras pas ce soir,
La nuit est sombre et ton chemin est long,
Prends place dans cette chambre d'amis,
Plutôt que de partir et dire au revoir,
Tu es quelqu'un de bon,
Ici tu es admis.

Je lui ai confié tout mon désespoir,
Isolée du monde je tournais en rond,
Je lui ai confié tous mes écrits,
Qui ont rempli ses yeux de savoir,
Où j'avais laissé mon cœur brûler tel un charbon,
Pour retrouver une accalmie.

Je me retrouve seule au bord de ce grand lit,
Torturée par l'ange et le démon,
Dans mes pensées il me souffle mon chemin de vie,
Je me dis c'est quoi cette situation,
Certainement encore un attrape-couillon !

L'ange me dit, vas lui demander de la tendresse,
Le démon me montre que cette action me mettra
[en détresse,]
Et moi je suis là, au milieu à chercher la sagesse.

Si je reste là, je vais probablement le regretter,
Pour comprendre que c'est fini, je ne ferais plus rien
[de ma vie,]
Si je fais le premier pas, j'aurai peut-être une chance d'être
[vraiment aimée,]
Seulement pour ce que je suis.

Les pensées fusionnent rapidement dans ma tête,
Si je reste là, je serai condamnée dans ce passé qui m'entête,
Si je fais le premier pas, je prends le risque des tempêtes.

Je me retrouve seule au bord de ce grand lit,
Torturée par l'ange et le démon,
Dans mes pensées, il me souffle mon chemin de vie,
Je me dis c'est quoi cette situation,
Certainement encore un trompe-couillon !

Il me faut prendre une décision avant qu'il ne s'endorme !
Me tenant debout, devant la porte de cette chambre,
Je me dis simplement que moi aussi j'ai le droit à un peu
[d'affection,]
Peu importe comment les choses se trament,
Mon âme a besoin d'attention.

Je me retrouve avec lui dans ce grand lit,
Apaisée par ses bras en toute discrétion,
Je comprends enfin que le passé est fini,

J'ai le choix de choisir n'importe quelle direction,
Pour nous offrir l'amour à deux avec passion,
L'ange a toujours raison pour chaque décision,
Le démon n'a plus aucun pouvoir et sombre sans nous avoir.

C'est dans l'amour et la réconciliation,
Que je me trouve enfin parfaitement bien avec moi,
Et par la même occasion, avec toi.

Le démon a voulu tenter de nous éloigner,
Perturbant à ton tour tes pensées,
Te tourmenter au point de tout abandonner,
Puis l'ange m'a accompagnée pour t'aider,
Te montrer que la seule épaule sur qui te pencher,
C'est celle qui saura t'aimer pour ce que tu es.

Démon tu as encore échoué
Car entre nous deux c'est l'amour, le vrai.

LE CHEMIN

Il était là, cherchant à se ferrer une voie,
Devant elle, il se sentait déstabilisé,
Était-ce un choix ?
Il n'en était pas moins persuadé,
À sa droite, une mer agitée,
À sa gauche, un fleuve tranquille,
Qu'allait-il décider ?
Peut-être le chemin d'une idylle.

Il se sentait coupable de choisir la facilité,
Il voulait tout, il ne voulait rien,
Deux pas en arrière par fragilité,
Le cœur gros, il voulait quitter cette destinée,
Abandonner ses liens,
Malgré le fait de se sentir aimé.

Le fleuve lui demanda la patience,
La mer voulait son bonheur,
Il écouta avec son cœur et pertinence,
Ses pensées négatives qui étaient une erreur.

Il se reprend de cette mauvaise ambiance,
Il décide de ne plus avoir peur,
Simplement ce qu'il l'attend, c'est du bonheur.

Avançant lentement vers le fleuve,
Son esprit devient tranquille,
Il observe les couleurs vives,

Qui émeuvent son âme à la dérive.
La mer s'apaise progressivement,
Satisfaite du choix qu'il a pris,
Le fleuve s'inonde d'amour inconditionnellement,
Parce qu'il a choisi la vie !

L'EFFET-MÈRE

La couleur flamboyante de ce soleil couchant,
Abrite un univers infini,
Nous sommes si petits,
Restons unis vers nos prières éphémères,
Pour que nos lendemains soit touchants,
L'effet-mère portera dans ces bras,
L'éveil du printemps.

Sentir la fragrance des fleurs,
Pour nous embaumer les cœurs,
Abandonner le passé,
Pour laisser place à beaucoup plus de gaité,
Nos secondes sont tellement précieuses,
Comme le bonheur,
Qui efface toutes nos peurs,
Se décider à aller,
En direction d'une vie comblée et ambitieuse.

LE PLAN D'ACTION

Il est temps de vous inviter à prendre un autre chemin,
Faire la lumière sur vos sentiments personnels,
De poursuivre vos rêves avec courage et assurance.

Demandez-vous intérieurement ce dont vous avez besoin,
Sans modération afin de vous satisfaire en sensationnel,
Souvenez-vous qu'il n'y a pas besoin de s'excuser, qu'elle
[chance !]
Fixez des limites avec ceux qui vous entourent pour
[être serein.]

Vous allez donc créer un environnement sain et agréable,
Aiguillez vos actions de sorte à obtenir le respect que vous
[méritez,]
Puis avancez.

Le temps est venu d'orienter votre vie véritable,
En éloignant tout ce qui est suspect,
Et vous saurez devenir la personne que vous choisirez.

Choisissez consciemment d'être,
La personne que vous êtes censée être,
Établissez vos plans d'action,
Qui vous conduisent vers votre raison,
Votre raison d'être divine.

Pour un avenir joyeux,
Juste pour être heureux.

L'INTENTION

Marcher encore et encore sans jamais se retourner,
Se boucher les oreilles pour ne plus entendre ce passé
[appeler,]
Continuer sans cesse à parcourir ce trajet sans s'arrêter,
Apprendre de ceux qui sont, derrière n'existe plus.

La seule chose qu'il nous reste c'est le moment présent,
Ici est maintenant.
Acceptez,
Aimez,
Pardonnez,
Puis l'avenir radieux sera l'élu.

Ce sera apaisant,
Et bien entendu plaisant,
Soyez libérés,
Éclairés,
Éveillés,
Pour vous c'est tout ce qui est prévu.

LES CRÉATRICES DIVINES

Elles sont belles et douces comme la rosée du matin,
Délicates comme une plume caressant un visage,
Elles existent pour eux mais pas seulement,
Elles construisent chaque jour des remparts de protections,
Comme le fait si bien mère nature pour sa végétation.

Silencieusement pour nourrir aux seins
[ces petits chérubins,]
Dans le calme, elles leur apprennent à être sages,
Elles approfondissent chaque instant pour les veiller avec
[précaution,]
Dans la quiétude et sans obligation.

Les femmes ont ce don du ciel,
Pour mettre au monde ces petits anges,
Les femmes ont tout pour elles,
Pour assumer l'essentiel,
Elles savent relever tous les challenges,
Se sont de véritables modèles,
Avec leur amour sacrificiel.

Les femmes sont des fleurs divines,
Dans toutes leur splendeur,
En offrant au monde tant de bonheur.

ÉCOLE DE LA VIE

Ce qui est derrière,
Restera derrière,
Peu importe les galères,
Et quel que soit la manière,
Je le laisserai pour hier.

C'est fini de ressasser,
Ce qui est déjà passé,
Ça restera classé,
Même ce qui a été cassé,
Est à jamais cassé.

Il ne faut plus me faire chier,
Car j'en ai assez bavé,
Je souhaite juste avancer,
En tirant les leçons dont j'ai accès.

Promis il n'y aura pas de colère,
Je m'en suis lassée,
Tout restera trié dans mes vieux cahiers,
Afin de conseiller comme une mère,
Mes prochains protégés,
Et tous mes petits écoliers.

SE SENTIR GRANDI

Ce n'est pas si terrible d'avoir passé du temps ici,
Ce n'est pas si terrible de prendre le temps de réfléchir,
Ce n'est pas si terrible d'apprendre de ses erreurs.

Ce n'est pas si terrible de comprendre pourquoi je vis,
Ce n'est pas si terrible de choisir enfin de partir,
Ce n'est pas si terrible de ne plus avoir peur.

Ce n'est pas si terrible de sentir que tout s'est alourdi,
Nous n'avons qu'une seule vie.

Prendre le choix de m'accomplir,
Comme je le désire,
En évitant les heurts.

Le temps est venu pour moi de m'affranchir,
Et m'autoriser enfin à grandir.

Ce n'est pas si compliqué d'abandonner ce passé,
Ce n'est pas si compliqué d'avancer,

Ce n'est pas si compliqué de trouver un moyen de
[se protéger,]
Avec la force et le courage,
J'arriverai à effacer tous ces nuages.

J'avance   J'avance   J'avance

TABLE DES MATIÈRES

REMERCIEMENTS

Je remercie du fond du cœur mon partenaire de vie,
Fabien Dumaître de m'avoir encouragée,
Valentin Delbreil pour la couverture, la mise en page et
tous ses conseils précieux.

Christelle Soulier pour m'avoir écoutée et parfois
consolée, conseillée, et aidée à tenir bon durant toutes ses
années difficiles. Sans elle, je ne serais jamais arrivée à
comprendre d'où je viens et pourquoi je dois continuer à
me battre.

Je remercie aussi Monsieur Couturier, psychologue,
pour nos échanges si constructifs
qui me permettent d'avancer encore et encore.

Je remercie également tous mes proches,
familles et amis qui me soutiennent
dans mes échecs comme dans mes réussites.

Suivre l'auteure :
Jessica Brionnaud : https://brionnaudjessica7.wixsite.com/site/
https://facebook.com/jbrionnaud/

Suivre l'illustrateur et le correcteur :
Valentin Delbreil : https://valentindelbreil.com/
Fabien Dumaître : https://fabiendumaitre.net/

Dépôt légal : novembre 2020